PRÉFACE

ET

TABLE DES DIVISIONS

DU

CATALOGUE

DES LIVRES

DE LA BIBLIOTHÈQUE

DU CONSEIL D'ÉTAT.

A PARIS,

DE L'IMPRIMERIE DE LA RÉPUBLIQUE.

AN XI.

PRÉFACE.

On a adopté, pour l'impression de ce catalogue, le classement méthodique des ouvrages, qui présente beaucoup plus de difficultés, mais aussi beaucoup plus d'avantages que l'ordre alphabétique des auteurs. En effet, un catalogue rangé de cette dernière manière, avec quelque érudition et quelque exactitude qu'il soit composé, n'est autre chose qu'un dictionnaire; on le consulte quand on en a besoin, mais il est impossible d'en lire de suite plusieurs pages : au contraire, le classement systématique des ouvrages excite l'attention, parce qu'il donne le moyen de juger du progrès de nos connoissances, en plaçant sous les yeux, dans l'ordre chronologique, les meilleures productions sur chaque matière.

On s'est attaché au classement le plus généralement suivi, c'est-à-dire, au système bibliographique que la France a vu naître et perfectionner dans son sein. Ce fut vers la fin du règne de Louis XIV que le libraire Martin publia ce système à-peu-près dans l'état où il est aujourd'hui. Il présentoit, pour ainsi dire, le tableau des connoissances humaines à cette époque, et sur-tout celui de la législation civile et religieuse de la France. Des traits d'intolérance défiguroient ce dernier ; on a dû les faire disparoître du même système revu et modifié sous le gouvernement régénérateur de la République.

Depuis plus d'un demi-siècle, les catalogues de bibliothèques, rédigés avec soin, sont regardés comme des ouvrages utiles ; mais ils sont assez généralement dépourvus de renseignemens capables d'augmenter leur utilité et le plaisir avec lequel on les consulte. Ces renseignemens consistent dans l'indication des écrivains anonymes ou pseudonymes, des traducteurs ou des éditeurs ; ils éclaircissent l'histoire littéraire et en sont une partie intéressante : on pourroit même avancer qu'ils sont à la bibliographie ce que la géographie et la chronologie sont à l'histoire.

Que l'on ouvre les dictionnaires historiques et littéraires composés depuis trente ans ; on y trouvera des omissions considérables dans ce genre ; tel auteur même n'y a point eu de place, parce qu'il n'a publié que des ouvrages anonymes : cependant il existe de très-bons ouvrages dont les auteurs ne pouvoient ni ne devoient se faire connoître dans le temps où ils les publièrent.

Parmi les 10,051 articles dont notre catalogue est composé, on a indiqué au moins 3,200 noms d'auteurs anonymes ou pseudonymes, d'éditeurs ou de traducteurs. La plupart de ces renseignemens sont dus à une longue étude de l'histoire littéraire : mais nous avouons avec plaisir en avoir trouvé plusieurs dans les catalogues, toujours recherchés, des Martin, des Barrois, des Debure ; dans celui de la bibliothèque publique d'Orléans, publié en 1777 par les soins de dom Fabre ; dans le second volume de la France littéraire, publiée en 1769 par d'Hébrail ; dans la nouvelle édition de la Bibliothèque historique de la France ; dans la table des livres anonymes formant le dixième volume de la Bibliographie instructive, publié en 1782 par Née de la Rochelle ; enfin, dans le Catalogue de la bibliothèque de Lestevenon, publié en 1798, *in-8.º*, à la Haye, par le libraire Detune, qui passa une grande partie de sa vie à acquérir des renseignemens sur les écrivains anonymes et pseudonymes. Les articles de ce dernier catalogue s'élèvent à 4,673 ; le nombre des anonymes qui y sont découverts monte à plus de 1,450 : et il nous seroit possible d'en augmenter la liste de plus de soixante autres. Ainsi l'on y voit, comme dans notre catalogue, que les ouvrages qui ne portent pas de noms d'auteur, de traducteur ou d'éditeur, comparés avec ceux qui en portent, sont entre eux dans le rapport d'un à trois ; ce qui feroit croire que, dans toute bibliothèque composée d'ouvrages véritablement utiles, le tiers des articles est caché sous le voile de l'anonyme.

Si les libraires actuels de France ne montrent

plus le même zèle dans ce genre de travail, cela vient sans doute de ce que la connoissance des anonymes et pseudonymes, au moins pour ces derniers temps, n'est que traditionnelle : or il est de l'essence des traditions de ne pas se conserver avec fidélité, même dans la mémoire d'une seule personne, et sur-tout de ne pas se transmettre à d'autres avec l'exactitude convenable. Nous avons éprouvé nous-mêmes, dans la rédaction de ce catalogue, combien il est facile de donner un auteur pour un autre à un ouvrage qui ne porte point de nom. Nous indiquons, à la fin du second volume, les principales erreurs de ce genre qui nous sont échappées.

L'ouvrage le moins ancien qui soit parvenu à notre connoissance sur les écrivains anonymes et pseudonymes, est de Jean-Christophe Mylius, bibliothécaire de la bibliothèque publique de l'académie de Iena. Il a été publié en 1740 à Hambourg, *in-fol.* ou 2 vol. *in-8.º* Cet ouvrage comprend les écrivains latins, allemands et françois. Il auroit besoin d'être revu et continué jusqu'à nos jours. Le C.[en] van Thol, conservateur du dépôt littéraire de Saint-Louis-la-Culture, s'occupe depuis plusieurs années, avec un zèle infatigable, de la composition d'un dictionnaire des ouvrages anonymes publiés en françois. Il est à souhaiter qu'il publie un jour ce dictionnaire, qui lui acquerra des droits à la reconnoissance des gens de lettres.

Quelques exemples choisis dans notre catalogue feront connoître l'utilité qui doit résulter pour l'histoire littéraire, des recherches sur les écrivains anonymes.

On vit sortir des belles presses de Paul Manuce, à Rome, en 1566, le Catéchisme du concile de Trente, ainsi intitulé : *Catechismus ex decreto concilii Tridentini, ad parochos ; Pii V pont. max. jussu editus.* Romæ, Paulus Manutius, 1566, in-fol.

Ce titre donne bien à entendre que l'ouvrage a été rédigé avec soin : mais quand on lit dans plusieurs auteurs dignes de foi que le fond de ce catéchisme a d'abord été écrit par trois habiles théologiens, qu'ensuite il a été revu par deux cardinaux, et qu'enfin la rédaction en a été confiée à trois hommes de lettres distingués, ne trouve-t-on pas quelque plaisir à énoncer ces renseignemens de la manière suivante :

Catechismus ex decreto concilii Tridentini, ad parochos (conscriptus à Paulo MANUTIO, *Cornelio* AMALTHEO *et Julio* POGGIANO, *post vigilias Leonardi* DE MARINIS, *archiepiscopi Lancianensis, Ægidii* FOSCARARII, *episcopi Mutinensis, et Francisci* FORERI *Lusitani, Dominicani, necnon recensionem cardinalium* SIRLETI *et* ANTONIANI); *Pii V pont. max. jussu editus.* Romæ, P. Manutius, 1566, in-fol.

D'après ce développement, le Catéchisme du concile de Trente n'est plus seulement un ouvrage de théologie, c'est encore une production remarquable par la pureté du style *.

---

* *Voyez* le n.° 381 du présent catalogue. La célérité de l'impression n'a pas permis d'y développer ce titre avec la même étendue.

Il étoit d'autant plus difficile de donner ces renseignemens, que la Bibliothèque des anonymes de Mylius offre une singulière méprise au sujet de ce catéchisme. Il y est indiqué comme un ouvrage différent du Catéchisme romain ; les trois théologiens y sont nommés comme auteurs du Catéchisme du concile de Trente, tandis que le Catéchisme romain y est attribué aux trois hommes de lettres. On sait cependant que ces deux catéchismes sont un seul et même ouvrage, auquel on donne indifféremment l'un ou l'autre titre, comme le prouve la permission donnée à Jacques Kerver, libraire de Paris, au mois de mars 1567, par le nonce du pape, pour réimprimer et vendre ce catéchisme, nonobstant le privilége accordé par Pie V à Paul Manuce.

Nous citerons pour deuxième exemple un ouvrage moderne qui fut goûté lorsqu'il parut ; il est intitulé : *Recherches historiques et politiques sur les États-Unis de l'Amérique septentrionale.... par un citoyen de Virginie ; avec quatre lettres d'un bourgeois de New-Haven sur l'unité de la législation.* Paris, Froullé, 1788, 4 vol. in-8.° Nous l'avons annoncé à-peu-près de la manière suivante sous le n.° 1141 de ce catalogue : *Recherches historiques et politiques sur les États-Unis de l'Amérique septentrionale . . . . . . par un citoyen de Virginie [MAZZÉI]; avec quatre lettres d'un bourgeois de New-Haven [CONDORCET] sur l'unité de la législation (des réflexions rédigées en 1776 par TURGOT à l'occasion d'un mémoire de M. de Vergennes, sur la manière dont la France et l'Espagne devoient envisager les suites de la querelle entre la Grande-Bretagne et ses colonies, et d'autres réflexions touchant l'influence de la révolution de l'Amérique sur l'Europe, par un habitant obscur de l'ancien hémisphère [CONDORCET]).* Paris, Froullé, 1788, 4 vol. in-8.°

On pourroit encore citer quelques ouvrages devenus anonymes par des vues d'intérêt de la part des libraires, qui, ayant acquis des ouvrages imprimés par leurs confrères, les vendent avec de nouveaux titres où ils ont omis le nom de l'auteur. Notre catalogue en offre un exemple assez singulier dans l'*Histoire de l'Amérique septentrionale par* DE BACQUEVILLE DE LA POTHERIE. Paris, Jean-Luc Nyon, 1722, 4 vol. in-12. Cet ouvrage fut annoncé l'année suivante à Amsterdam chez Desbordes, sous ce titre : *Voyage de l'Amérique, contenant ce qui s'est passé de plus remarquable dans l'Amérique septentrionale depuis 1534 jusqu'à présent.* Amsterdam, Desbordes, 1723, 4 vol. in-12. *Voyez* tom. II, n.° 6566.

Meusel, dans le tome III de sa Bibliothèque historique, publié à Leipsic en 1787, cite, page 298, l'*Histoire de l'Amérique septentrionale par* DE BACQUEVILLE DE LA POTHERIE, et page 299, le *Voyage de l'Amérique septentrionale*, Amst. 1723, 4 tom. in-8.° Il renvoie pour le dernier article à Stuck, auteur d'un Catalogue des descriptions de pays et de voyages anciennes et modernes ; puis il ajoute : *Præterea nullibi quidquam de hoc libro reperire licet.* Si l'un ou l'autre de ces bibliographes eût comparé le *voyage* avec l'*histoire*, il eût reconnu aisément que les deux ouvrages ne différoient que par le titre.

Des difficultés d'un autre genre se sont présentées pendant l'impression de ce catalogue. Les principales ont été occasionnées par le parti que l'on a pris de mettre en petites capitales les noms sous lesquels les auteurs sont le plus connus. Il a donc fallu imprimer de cette manière, tantôt le nom propre ou de baptême, tantôt le nom de famille ou le surnom, tantôt le nom de pays. Il n'y a pas d'uniformité parmi les biographes dans la manière de citer les hommes célèbres. Les ouvrages des auteurs les plus estimés dans ce genre fatiguent par la multiplicité des renvois. Il a semblé que la méthode adoptée diminueroit considérablement le nombre de ceux qu'il sera encore nécessaire de placer dans la table alphabétique et raisonnée des auteurs, qui formera le troisième et dernier volume de notre catalogue.

Nous eussions desiré pouvoir indiquer en

détail les ouvrages contenus dans les grandes collections, telles que le *Tractatus universi juris;* le *Thesaurus juris Romani*, par Éverard Otton; le *Novus Thesaurus juris civilis et canonici*, de Meerman père et fils; les *Recueils des historiens d'Italie, des Gaules et de la France, d'Allemagne et d'Angleterre;* les *Thesauri antiquitatum Græcarum, Romanarum et Italicarum, &c.*: mais deux motifs ont fait renoncer à cette idée, 1.º le retard que son exécution eût apporté à la publication du catalogue; 2.º l'existence de ces détails dans des ouvrages que possède la bibliothèque ou qu'il est facile de lui procurer. C'est ainsi que l'on a dans la Méthode pour étudier l'histoire, par Lenglet du Fresnoy, le détail des ouvrages insérés dans les recueils des historiens de l'Allemagne et de l'Angleterre; dans la Bibliothèque historique de Meusel, le détail des ouvrages contenus dans les treize volumes publiés jusqu'aujourd'hui de la collection des historiens des Gaules et de la France; dans la *Bibliotheca antiquaria* de Fabricius, celui des opuscules compris dans les Trésors d'antiquités grecques et romaines : enfin, le dépouillement des trois grandes collections de droit a été fait par dom Fabre dans le nouveau catalogue de la bibliothèque publique d'Orléans. La préface de ce dernier catalogue contient deux particularités assez curieuses sur ce sujet.

Meerman le père avoit acquis, en passant par Orléans, le premier catalogue de la bibliothèque de cette ville, publié en 1721. Comme il se disposoit à faire imprimer son *Novus Thesaurus juris civilis et canonici*, il y trouva plusieurs livres rares qu'il avoit cherchés ailleurs inutilement. Il écrivit au bibliothécaire, qui, du consentement de MM. les conservateurs, les lui fit passer en Hollande, où ils lui servirent à enrichir son ouvrage.

Le savant Pothier fit copier, sur la fin de ses jours, pour son usage particulier, la table des auteurs du *Tractatus universi juris*, et les titres des ouvrages. Depuis ce temps-là, dit dom Fabre, il s'est servi très-souvent de ce grand recueil, qu'une personne d'esprit appeloit un immeuble.

Jean-Michel Franckius, rédacteur du Catalogue de la bibliothèque du comte de Bunau, a rendu aux personnes studieuses, de plus grands services encore que ceux qui l'ont précédé et suivi dans la même carrière : il a décomposé les collections les plus petites comme les plus nombreuses, et en a indiqué les parties dans les subdivisions auxquelles elles appartiennent. Quelles recherches ce travail n'épargne-t-il pas aux personnes qui travaillent sur des matières ainsi développées ! On sait, par exemple, qu'il n'existe que des recueils incomplets des historiens des croisades. Le meilleur est celui de Jacques Bongars, intitulé : *Gesta Dei per Francos.* Hanoviæ, 1611, 2 vol. in-fol. Franckius indique trente auteurs au moins postérieurs à Bongars, ou publiés depuis l'impression de son recueil. En joignant à ces renseignemens la *Notice* faite par le C.en Silvestre de Sacy *, *des manuscrits*

---

* *Voyez* le Magasin encyclopédique, rédigé par le C.en MILLIN, *7.e année, tom. II, pag. 7-26 et 145-161.*

du

du savant dom Berthereau, auteur d'excellens *Extraits des historiens orientaux des croisades*, n'a-t-on pas sous la main les moyens de continuer l'important recueil des historiens des Gaules et de la France, qui a été amené, pour ainsi dire, jusqu'à cette fameuse époque !

On n'éprouve qu'un regret en lisant les sept volumes qui existent du Catalogue de Bunau ; c'est qu'un ouvrage fait avec tant de soin n'ait pas été achevé. Tel est le sort de plusieurs catalogues conçus sur des plans trop vastes. On doit s'attacher aujourd'hui à marcher sur les traces des hommes estimables qui ont consacré leurs veilles à ce genre de travail, non en reproduisant ce qu'ils ont exécuté avec succès, mais en présentant, d'après les mêmes vues, des développemens qu'ils n'ont pas eu le temps de donner. Ainsi, outre les collections dont il vient d'être parlé, il existe dans toute grande bibliothèque, des recueils de pièces de différens formats, que l'on a coutume de faire relier suivant l'ordre chronologique plutôt que d'après celui des matières. Ces recueils peuvent être rangés sur les tablettes à la suite des polygraphes ; mais est-il possible de se faire une idée juste de ce qu'ils contiennent, si l'on ne se donne pas la peine de prendre isolément les titres de chaque pièce, pour les placer dans le catalogue à la suite d'ouvrages du même genre, en renvoyant, pour trouver les volumes, à la place que ceux-ci occupent parmi les polygraphes ! On évite par-là le désagrément de forcer le lecteur à parcourir les tables d'une multitude de recueils lorsqu'il n'a besoin que d'une pièce. Cet inconvénient se fait sentir dans le Catalogue de la bibliothèque de l'archevêque de Reims, le Tellier, sorti des presses de l'Imprimerie royale en 1693 ; dans celui de la bibliothèque publique d'Orléans, de l'année 1777 ; et même dans le Catalogue raisonné de la bibliothèque de l'abbé Goujet *, qui réunit d'ailleurs tous les avantages

* *Voyez* la notice de ce catalogue dans le Magasin encyclopédique, *8.e année, tom. V, pag. 182 et suiv.*

qu'on ne trouve qu'isolément dans ceux qui ont le plus de réputation.

La bibliothèque du Conseil d'état possède environ 200 volumes de recueils de pièces. Nous les avons dépouillés systématiquement et par renvois dans notre catalogue.

Il reste à donner quelques éclaircissemens sur les signes que l'on trouvera dans ce catalogue. La bibliographie, comme chaque art et chaque science, a sa langue particulière : semblable à l'algèbre, elle a composé la sienne des signes les plus simples, tels que crochets, parenthèses, abréviations, &c. En les employant, on est dispensé de détails qui paroîtroient fastidieux dans le langage ordinaire ; et leur présence dans l'énoncé d'un titre supplée tantôt à une omission, tantôt à un défaut de développement.

Dans le présent catalogue, on s'est servi des parenthèses ( ) pour désigner les auteurs anonymes, et des crochets [ ] pour faire connoître les écrivains pseudonymes, ainsi que les lieux d'impression également pseudonymes. On a regardé comme pseudonymes les écrivains qui ne se sont fait connoître que par des qualifications vagues et souvent imaginaires, telles que celles-ci : *un habitant obscur de l'ancien hémisphère, le citoyen du monde, un auteur connu, &c.*

Les mêmes crochets ont été aussi employés pour les auteurs qui se sont contentés de mettre les lettres initiales de leurs noms sur le frontispice de leurs ouvrages. On sait assez qu'il est impossible de tout savoir dans ces différens genres; mais nous n'avons rien négligé pour découvrir les noms que des motifs puissans n'ont pas ensevelis dans une trop profonde obscurité.

Nous avons cru devoir mettre à la suite de ces réflexions le tableau complet des divisions de la bibliothèque, afin de faire connoître, d'un seul coup-d'œil, celles qui contiendroient les ouvrages que l'on aura besoin de consulter.

Lorsque les détails que nous avions à donner, excédoient les développemens renfermés ordinairement entre des signes, nous les avons placés en forme de notes sous les articles qui les ont occasionnés. Ces notes sont en petit nombre, parce que nous n'en avons fait que pour éclaircir quelques points de bibliographie peu connus jusqu'à ce jour.

TABLE DES DIVISIONS.

TOME PREMIER.

THÉOLOGIE,

OU CULTES RELIGIEUX DE DIFFÉRENS PEUPLES.

JURISPRUDENCE.

SCIENCES ET ARTS.

ARTS.

BELLES-LETTRES.

TOME SECOND.

HISTOIRE.

FIN.

www.ingramcontent.com/pod-product-compliance
Ingram Content Group UK Ltd.
Pitfield, Milton Keynes, MK11 3LW, UK
UKHW020443180726
13839UKWH00004B/1601

9 782329 131863